ESQUISSES MORPHOLOGIQUES

CONSIDÉRATIONS GÉNÉRALES

SUR

LA NATURE ET L'ORIGINE

DE LA FLEXION INDO-EUROPÉENNE

PAR

V. HENRY

LICENCIÉ-ÈS-LETTRES, DOCTEUR EN DROIT,
CONSERVATEUR DE LA BIBLIOTHÈQUE MUNICIPALE DE LILLE

LILLE
L. QUARRÉ, ÉDITEUR,
64, GRAND'PLACE, 64
1882

ESQUISSES MORPHOLOGIQUES

Il a été tiré de cet opuscule dix exemplaires sur papier de
Hollande.

N°

ESQUISSES MORPHOLOGIQUES

CONSIDÉRATIONS GÉNÉRALES

SUR

LA NATURE ET L'ORIGINE

DE LA FLEXION INDO-EUROPÉENNE

PAR

V. HENRY

LICENCIÉ-ÈS-LETTRES, DOCTEUR EN DROIT,
CONSERVATEUR DE LA BIBLIOTHÈQUE MUNICIOALE DE LILLE

LILLE
L. QUARRÉ, ÉDITEUR.
64 GRAND'PLACE. 64
1882

Extrait du Muséon.

___

Louvain. — Typogr. de Ch. Peeters.

ESQUISSES MORPHOLOGIQUES.

CONSIDÉRATIONS GÉNÉRALES SUR LA NATURE ET L'ORIGINE DE LA FLEXION INDO-EUROPÉENNE.

La grande division des langues en monosyllabiques, agglutinantes et flexives, que Schleicher a inscrite en tête de son lumineux *Compendium*, est encore aujourd'hui, pour les meilleurs esprits, la base de toute étude linguistique. Toutefois, ceux-là mêmes qui adoptent cette classification dans la pratique ordinaire, r le font pas sans formuler quelques réserves : tout en en reconnaissant les avantages, on ne laisse pas de la trouver parfois, ou peu rationnelle, ou du moins incomplète, insuffisamment compréhensive. Ces défauts, qu'on s'est beaucoup exagérés, mais qu'il faut bien mettre en lumière pour parvenir à les faire disparaître, résident tous, à mon avis, dans l'obscurité du mécanisme flexionnel, encore si mal défini. La trop fameuse formule $R^x + s^x$ fait illusion par son allure scientifique ; mais en réalité elle pose le problème sans le résoudre. Qu'est-ce que cet exposant, cet x, véritable x en effet, élément inconnu et mystérieux, tant qu'on n'aura point pénétré la nature intime de la mutation vocalique qu'il représente ? Et, dès lors, comment faire fond sur une classification dans laquelle l'un des caractères spécifiques est encore si vague que certains le déclarent à peine saisissable (1) ? Définir exactement la flexion, ce serait donc légitimer la nomenclature de Schleicher, et en faire, selon la pensée de son illustre auteur, la clef de la linguistique rationnelle.

Ce n'est pas, en effet, dans la distinction du monosyllabisme et de l'agglutination que gît la difficulté. Là tout est

---

(1) On trouvera un excellent résumé des opinions diverses qui se sont produites à ce sujet, dans un article de M. L. Adam, *les Classifications de la Linguistique*, in *Rev. de Ling.* (Paris, Maisonneuve, 1881), XIV, pp. 217 sqq.

clair, rien ne prête à la controverse : on ne sera jamais exposé à confondre ces deux phases de la vie du langage, encore que l'on conçoive sans peine comment l'une est sortie de l'autre. En vain objecterait-on que le caractère spécifique n'est pas assez tranché, parce que le passage du monosyllabisme à l'agglutination s'opère d'une manière insensible, et que telle langue, comme le tibétain, semble appartenir à la fois aux deux classes. Avec de pareils scrupules toute classification naturelle deviendrait impossible : il faudrait proscrire la distinction des vertébrés et des invertébrés, parce que l'amphioxus se tient sur la limite des deux embranchements. Il est clair que le groupement des particules de relation autour de la syllabe significative, devenue le centre d'un organisme grammatical, est un caractère différenciatif aussi net que, chez les animaux, la présence ou l'absence d'un cordon nerveux central. La doctrine de l'évolution exclut les sauts brusques d'un type à l'autre, mais n'efface point pour cela les différences de types ; tout au contraire, elle les fait mieux ressortir en en rendant raison.

Mais, si la distinction morphologique des langues isolantes et des langues agglutinantes ne prête point à l'équivoque, il n'en est plus de même dès qu'on aborde le domaine flexionnel et qu'on s'efforce d'en tracer la limite. Qu'est-ce donc, au juste, que la flexion ? et comment, par quel procès évolutif a-t-elle pu sortir de l'état agglutinatif ?

A ne la considérer que comme une forme supérieure et plus développée de l'agglutination, elle semble résider dans l'union intime de la racine et des suffixes qui se fondent ensemble jusqu'à devenir méconnaissables. Malgré l'autorité qui s'attache au nom respecté de M. Max Müller (1), il nous est impossible de voir dans cette fusion autre chose qu'un accident sans valeur morphologique, une simple conséquence de la loi du moindre effort, qui ne mérite point une place à part dans une classification linguistique. A ce compte, en effet, presque toutes les langues agglutinantes seraient flexives ; car il en est bien peu qui, dans la transparence de leur structure, laissent encore nettement apercevoir, comme

____

(1) *La Science du Langage*. trad. Harris-Perrot (Paris, Durand, 1867), p. 409.

l'osmanli, les divers éléments de la formation des mots. Partout se sont produits des contractions et des emboîtements plus ou moins énergiques, et le sanscrit *bhârê*, par exemple, ou le grec φέρομαι n'est certainement pas plus difficile à analyser que telle forme polysynthétique d'une langue américaine, comme le quichua *apawanchik* (il nous porte tous), ou l'esquimau *nunait* (les plusieurs terres d'eux plusieurs) ou *tupangnun* (vers les deux tentes), le thème nominal étant *tupè-rkr*. C'est bien là, si l'on veut, un état agglutinatif plus avancé ; mais c'est toujours, d'une et d'autre part, de l'agglutination. Pour qu'il y ait flexion au sens propre du mot, il faut, Schlegel l'avait vu et Schleicher l'a proclamé après lui, qu'il se produise dans le corps de la racine ou du suffixe une modification vocalique interne dont ils n'ont pas pénétré la cause.

La flexion ne serait-elle donc qu'une simple variation phonique ? Evidemment le phénomène est plus complexe ; car il n'est pas une langue au monde qui, dans certaines conditions déterminées, ne fasse subir à ses voyelles telles ou telles permutations toutes mécaniques, qu'on n'a jamais confondues avec la flexion bien que jamais non plus on n'ait exactement fait voir en quoi elles s'en distinguaient. Ainsi l'harmonie vocalique des langues ouralo-altaïques est un procédé phonique d'une précision étonnante et d'une exquise délicatesse ; ce n'est pourtant point un procédé flexif. Qu'est ce donc enfin que la flexion ? et que contient-elle de plus qu'une mutation vocalique des éléments du langage ?

C'est, dit-on avec Schleicher (1), que, par opposition aux métaplasmes tout mécaniques, la flexion a une valeur dynamique et significative. On ne prend point garde que c'est là confondre la forme et la fonction, erreur contre laquelle l'illustre maître s'est élevé avec tant d'énergie : la forme tient à la nature intime et au fond même du langage ; la fonction est toujours plus ou moins adventice et conventionnelle. L'Allemand, en déclinant *vater*, pl. *väter*, n'a fait qu'obéir, comme l'a montré Grimm, à une nécessité mécanique. Il n'en reste pas moins qu'aujourd'hui l'umlaut de *väter*,

_____

(1) « Eine solche zum Zwecke des Beziehungsausdruckes regelmässig veränderliche Wurzel... » *Cpd.*[4] p. 3 (Weimar 1875).

devenu le seul signe visible du pluriel, passe, aux yeux du vulgaire, aux yeux même du grammairien superficiel, pour l'indice fonctionnel de ce nombre. Cette confusion fatale se produit tôt ou tard dans l'évolution du langage (1). Au point de vue purement dynamique on en viendrait logiquement à soutenir que les langues sémitiques sont les seules flexives, attendu que seules elles affectent, en général, à telle variation vocalique telle fonction exclusive et rigoureusement définie. Ainsi la flexion n'est pas une mutation phonique quelconque ; elle n'est pas non plus, du moins dans son origine et son essence, un procédé fonctionnel : c'est le temps, l'habitude et l'analogie linguistique qui peu à peu la revêtent de ce caractère. La vérité se trouverait plutôt entre ces deux propositions extrêmes. Il s'agirait de découvrir une formule qui les conciliât.

Cette formule, je crois l'avoir vaguement entrevue : elle me paraît rendre un compte satisfaisant de la naissance du mécanisme flexif. Telle qu'elle est, avec ses imperfections, ses lacunes, ses incertitudes, je la publie aujourd'hui, en me réservant de la développer par la suite ; peut-être s'y trouve-t-il, sous un amas d'erreurs dont la science fera justice, un grain de vérité en faveur duquel l'audace d'un novice méritera quelque indulgence.

Ce qu'on nomme flexion est un phénomène éminemment complexe : il y faut reconnaître, d'une part, l'effet de l'agglutination infixante, plus commune sans doute, à l'origine du langage, qu'on ne le pense généralement ; de l'autre, la résultante de mutations phoniques de diverses sortes, pour la plupart encore obscures, mais parmi lesquelles l'accentuation occupe incontestablement le premier rang.

I.

Examinons d'abord l'effet de l'agglutination infixante. Quand le dakota, par exemple, conjugue *baksa* (il coupe),

(1) Cf. Benfey, *Vollständ. Gramm. d. Skt Spr.* p. 19, Bem. 2 : « ... dass die Gunierung ursprünglich zwar eine Folge phonetischer Einflüsse war, aber, durch Reihen von Analogien, in dem Sprachbewustsein nach und nach eine begriffliche (dynamische) Geltung sich erwarb. »

bawaksa (je coupe), nous disons qu'il infixe l'indice personnel (1). Ici, l'explication du phénomène n'offre aucune difficulté : *ba* et *ksa* sont deux éléments distincts et isolément significatifs, bien qu'à la longue ils se soient fondus en un seul mot. On connaît même la valeur de chacun d'eux : *ksa* est le thème verbal, et *ba*, mot vide, implique l'idée de l'usage d'un instrument tranchant.

Mais, si l'on ignorait le sens précis de ces deux syllabes, on en serait réduit à dire dans la pratique que le verbe *baksa* se conjugue par infixation, comme on le dira, par exemple, pour le verbe *opa* (il suit), *owapa* (je suis), où l'analogie de *baksa* peut bien faire soupçonner deux éléments séparables, mais dont la décomposition directe est impossible, parce que l'analyse ne parvient pas en dakota à isoler un préfixe *o*. Ici l'infixation est manifeste, mais le principe de l'infixation se dissimule.

C'est bien pis quand par surcroît intervient l'inévitable phénomène de la dégradation phonique. Supposons que *bawaksa* fût devenu insensiblement *bawksa* puis *bôksa*, que dirait le grammairien mis en présence de cette conjugaison étrange, *baksa bôksa*, et privé d'ailleurs, par la disparition complète de l'indice *wa*, de tout terme de comparaison? Ou bien il la rapporterait à deux racines différentes; ou plus probablement, s'il ne pouvait se résoudre à séparer ces quasi-homophones, il qualifierait de *flexion* la mutation qui s'opère de l'un à l'autre; autrement dit, il déguiserait sous ce nom de *flexion* le résultat d'une infixation préhistorique, dont il lui serait impossible de retrouver la trace. Dès lors il ne saurait être interdit de conjecturer que la flexion indo-européenne doit en partie son origine à un procédé analogue. Appliquons ces données premières à la forme primitive des racines indo-européennes.

On sait, depuis les beaux travaux de la jeune école linguistique, brillamment représentée par MM. Bréal, Brugman, Osthoff, de Saussure (2) et tant d'autres, que chacune d'elle a pour substratum essentiel un phonème que nous

(1) Cf. L. Adam, in *Rev. de Ling.* (Paris, Maisonneuve, 1876), IX, p. 16.

(2) Voy. surtout de ce dernier *Mém. sur le Syst. primitif des Voyelles dans les Lang. ind.-eur.* (Leipzig, Teubner. 1879), petit livre qui devrait être le bréviaire de l'indogermaniste.

représenterons par E ou *e* (1) tant parce qu'il correspond toujours à l'*e* gréco-latin que pour peindre à l'œil le son primitif de cette voyelle, qui ne devait pas être fort éloigné de celui de l'*e* sourd si improprement nommé *e* muet en français. Ce phénomène est généralement précédé, ou suivi, ou précédé et suivi d'une ou deux consonnes, racines PET, BHER (gr. πέτ-ομαι φέρ-ω). Mais, de plus, il peut être et il est fort souvent accompagné d'un autre phonème semi-vocalique, que l'on désigne sous le nom de coefficient : le coefficient est un *a*, rac. STE*a* (lat. *stāre*), un *i*, rac. RE*i*K (gr. λείπ-ω), un *u*, rac. BHE*u*G (gr. φεύγ-ω), une nasale, *m-n*, rac. PE*n*DH (gr. πένθ-ος), ou enfin une vibrante *r-l*, rac. TE*r*P (gr. τέρπ-ω). On entrevoit même l'existence aryenne d'un coefficient *o*(2), qui est l'*o* gréco-italique de ὄπ-τομαι et *oc-ulus*, et celle d'un coefficient *e*, distinct de l'E substratum, par exemple dans la racine DHE*e*, qui est celle du gr. τί-θη-μι τί-θε-μεν (3). Mais nous croyons devoir négliger ces deux éléments encore problématiques.

Une fois la cellule radicale décomposée en un protoplasme partout et toujours semblable à lui-même et un élément modificatif essentiellement variable, n'est-on pas amené par une pente naturelle à envisager ce dernier comme un infixe du genre de ceux que nous venons d'examiner ? Evidemment, de la constatation indubitable d'un coefficient phonique à l'hypothèse très plausible d'un coefficient significatif, il n'y a qu'un pas. Formulons donc cette hypothèse, sauf à essayer tout à l'heure de la justifier : la racine primitive a a toujours l'E pur, mais elle a donné naissance à autant de racines distinctes, soit PE*a*T, PE*i*T, PE*u*T, etc., issues d'une racine PET, qu'elle était susceptible de recevoir de coefficients, chacune de ces formes différant de la première, non seulement par la prononciation et l'aspect extérieur, mais encore par une nuance de sens qu'il nous est, bien entendu, impossible de définir, à la distance énorme où nous sommes placés de la période proethnique ; bref, toute racine

---

(1) C'est l'*a₁* de M. de Saussure. On désignera par des capitales les éléments essentiels de la racine, et par des italiques, les éléments accessoires et variables. Les suffixes seront transcrits tout entiers en italiques.

(2) Saussure, *op. cit.*, p. 96.

(3) Saussure, *op. cit.*, pp. 140 sqq. et 175 sqq.

indo-européenne aurait une forme rudimentaire en E pur, et au moins cinq formes complexes en E teinté de coefficient.

Avant tout, comment concevoir un pareil procédé d'infixation ? Il n'y a point parité entre l'indo-européen et le dakota pris pour terme de comparaison ; car, si la cellule PE*i*T peut passer pour composée, au moins la cellule PET paraît irréductible, et dès lors on ne voit pas comment l'infixe *i* a pu s'y glisser. Mais d'abord rappelons-nous la conjugaison *opa owapa* : comme là l'élément *o*, ici l'élément T semble inséparable, pourtant on ne saurait affirmer qu'il ait de tout temps fait corps avec la racine. Bien plus, nombre de faits, sur lesquels il nous est impossible de nous appesantir (1), tendraient plutôt à établir le contraire.

Mais il y a une manière encore plus simple de lever cette difficulté. Elle disparaît dans les racines où l'E est final : ainsi une racine PE a pu donner par simple affixation PE*i* et PE*o*. Ces deux types ne sont pas idéaux : ils existent l'un et l'autre avec le sens de « boire », gr. πί-νω, πι-πί-σκω, lat. *bi-bo*, et gr. πέ-πω-κα, lat. *pô-to*. Or, comme il n'y a ni guna ni vrddhi qui puisse expliquer l'apophonie πίνω πέπωκα, force est bien, ou de supposer ces deux formes d'un même verbe issues de deux racines différentes, ce qui implique contradiction, ou de les rapporter à la même racine, diversement modifiée par l'adjonction de coefficients phoniques, qui, dans ce cas particulier, n'ont pas eu à déchirer les parois extérieures de la cellule pour s'y introduire de force.

Revenons maintenant à une racine à consonne finale. L'analogie nous fait immédiatement supposer la suffixation du coefficient en la forme PET*a*, PET*i*, etc., puis une métathèse très admissible introduisant dans le corps de la racine le phonème accidentel, soit PE*a*T, PE*i*T. Ici non plus que dans le cas précédent nous ne raisonnons dans le vide : le type PET*a* nous est garanti par le grec πετά σω πετά-ννυμι (2), tandis que les types PE*a*T et PE*i*T, avec

(1) Exemples : l'élément DH est visiblement surajouté dans le gr. μανθ-άνω, forme radicale simple ME*n* (penser), dans le gr. πένθ-ος, πάθ-ος, auquel le latin repond par *pat-ior*, à plus forte raison dans δαρθ-άνω, lat. *dor-mio*.

(2) En envisageant un dissyllabe comme racine, je me rallie en partie à la curieuse théorie de M. de Saussure, *op. cit.*, pp. 230 sqq. ; mais je crois m'en éloigner par l'explication que je donne de cette forme dissyllabique.

chute consécutive de l'E, dont il va être question, se retrou-
vent respectivement dans le latin *pat-ère* et le grec πίτ-νημι.

Encore une fois, ce développement n'est point une démon-
stration, mais une simple position du problème sur un cas
isolé. Poursuivons l'analyse de la flexion.

II.

La part de l'élément fonctionnel dans la flexion étant lar-
gement faite par l'hypothèse d'une infixation primitive, il
convient de combiner cet élément avec l'effet tout mécanique
de l'accentuation.

L'accent est un procédé phonétique très-délicat à l'origine,
qui va toujours s'oblitérant à mesure que le langage se per-
fectionne et s'éclaircit. Plus la langue se suffit à elle-même
pour l'expression de la pensée, plus elle tend à se passer de
l'auxiliaire de la mimique, dont l'accent n'est qu'un mode
particulier. Le singe ne parle presque que par gestes, parce
que son vocabulaire ne se compose que de cris inarticulés ;
le sauvage accompagne son discours d'une mimique expres-
sive, sans laquelle il serait à peine intelligible ; au contraire,
l'homme civilisé n'a qu'un geste sobre et mesuré ; encore le
geste n'est-il chez lui qu'une survivance des âges primitifs,
car il ne contribue que bien rarement à la clarté de la phrase.
Il en est de même, bien qu'à un moindre degré, de l'accent
tonique : très-prononcé, extraordinairement mobile, parcou-
rant une véritable échelle musicale dans les langues rudimentaires, il se dégrade, s'appauvrit et s'immobilise à
mesure qu'elles s'éloignent de leur origine. On sait quelle
variété de tons admettent, exigent pour la plupart les
idiomes de l'extrême Orient, très-cultivés sans doute, mais
demeurés à l'état monosyllabique. Dans la famille indo-européenne il est facile de comparer l'accent indien, encore si
libre, bien qu'il n'ait certainement pas conservé toute la mobilité primitive, le grec, déjà très-dépendant de la quantité,
le latin, qui se confond presque avec elle, enfin l'accent germanique, qui se fixe à demeure sur la racine du mot, la
trägerin der bedeutung, et n'affecte plus jamais les suffixes.
La dégradation est manifeste (1).

(1) Cf. Corssen, *zur Ausspr., etc. der latein. Spr.* (Leipzig, Teubner,
1868-70), II, pp. 932 sqq.

Puisque les langues isolantes sont les plus toniques, c'est à elles qu'il faut demander des exemples propres à nous fixer sur les effets de l'accentuation.

En chinois on dit *hào* (bon) et *háo* (aimer) (1). Aucun doute possible sur l'identité des deux vocables, puisque le caractère graphique est le même. Ce cas n'est pas isolé : il se reproduit pour plusieurs racines, entre autres pour *o* (mauvais) et *oû* (haïr), qui montre en outre une légère mutation phonique produite par le changement d'accent. Or, cette muta-tion est inévitable, là même où notre transcription euro-péenne ne peut la rendre : dans tous ces quasi-homophones, prononcés par un indigène (2), ce n'est pas la même voyelle, diversement accentuée, mais deux voyelles sensiblement différentes, que l'oreille perçoit : ainsi, dans *hào* l'*a* sonne net et pur, suivi d'un *o* très bref presque semblable au *w* postvocalique anglais, tandis que dans *háo* on n'entend à peu près qu'un seul son, un *a* teinté d'*o*, comparable à la voyelle anglaise de *law, walk*. Le procédé n'est-il pas trans-parent? Dans le langage primitif, pour dire « j'aime », on a dit *hao* « cela est bon (pour moi) », en accompagnant cette syllabe d'un geste qui remplaçait les mots sous-entendus ; ce geste a influé sur l'accent de la syllabe, qui à son tour a modifié la nuance de la voyelle. Tout s'enchaîne dans cette série d'actes semi-inconscients, qu'on pourrait nommer les réflexes de la phonation.

En chinois encore on dit *mái* (vendre) et *mài* (acheter). Ici les caractères ne sont plus les mêmes, mais la différence est insignifiante, le signe *mái* n'étant autre que le signe *mài* avec adjonction de la clef *ssé* (3). Ce doublet semble raconter l'histoire de l'échange entre les hommes, telle qu'on la trouve dans tous les traités d'économie politique : *mai* atone, je suppose, a dû désigner le troc, l'achat-vente rudimentaire ; mais, comme ce terme avait besoin d'être précisé dans chaque espèce, celui qui disait *mai* (j'acquiers) accompagnait la syllabe d'un geste centripète, pour indiquer que l'objet

(1) Abel Rémusat, *Elémens de la Gramm. Chin.* (Paris , Imp. Roy., 1822), n° 96.

(2) Je dois ces renseignements à l'extrême obligeance de M. Wang, lettré chinois, en résidence momentanée à Lille.

(3) Abel Rémusat, *op. cit.*, n° 303.

venait à lui, et celui qui disait *moi* (je cède) faisait naturellement le geste inverse. L'effet de cette mimique a été de
nuancer diversement le phonème radical.

Eh bien, ces nuances sont à proprement parler des flexions
rudimentaires : que l'accent tende toujours à reculer et à se
fixer, cela est hors de doute ; mais il peut se fixer plus ou
moins tôt dans la période de développement du langage. Si,
avant de s'immobiliser, il a produit, soit dans la racine, soit
dans le suffixe, diverses apophonies, que l'analogie linguistique a par la suite généralisées et régularisées, on dit que
la langue est flexionnelle ; si au contraire il s'est dégradé de
bonne heure, les apophonies nées de l'accentuation, étant
peu nombreuses et paraissant purement fortuites, parce
qu'on n'a plus conscience de la cause d'où elles procèdent,
disparaissent bientôt par l'effet de l'analogie, ou, si elles
persistent, demeurent à l'état de simples accidents phoniques
désormais sans importance. Bref, une langue monosyllabique ou agglutinante cesse d'évoluer vers la flexion quand
l'accent tonique y a perdu la variété, la mobilité et la souplesse qui le distinguent à l'origine.

C'est là, si je ne me trompe, ce qui explique qu'un si
petit nombre d'idiomes soient parvenus à la phase flexive ;
car enfin il est inadmissible que tant de langues non écrites
évoluent depuis des siècles vers la flexion, non seulement
sans l'avoir atteinte, mais même sans en montrer la moindre
trace : il faut qu'elles aient rencontré sur leur route une
cause d'arrêt de développement indépendante de celles qu'on
a coutume d'admettre, l'écriture et l'avènement d'une littérature, et beaucoup plus puissante. Cette cause, elle est
sous nos yeux : bien loin que toute langue agglutinante
puisse par l'effet du temps devenir flexive, il n'y a qu'un
moment précis et très-fugace de la phase agglutinative qui
confine à la flexion, celui où l'accent a conservé la précieuse
faculté de se poser çà et là, tantôt sur la racine, tantôt sur
le suffixe, pour les mettre tour à tour en valeur ; ce moment
passé, une fois l'accent devenu prosodique, comme en latin,
ou rationnel, comme en allemand, aucune flexion ne peut
plus se produire. Ainsi il est tel idiome agglutinant, le magyar ou l'osmanli, duquel on pourrait affirmer à coup sûr,
ne possédât-il même aucune littérature, que jamais il ne

deviendrait flexif; car le ton y a reculé, et dans un mot, si long qu'il soit, *halhatatlanságomat* (meam immortalitatem), le magyar, comme l'allemand, fera invariablement porter le principal effort sur la syllabe *hal* (mori) : dès lors cette syllabe ne peut plus se réduire, s'assourdir, changer sa voyelle, en un mot subir une flexion, comme elle l'aurait pu au temps lointain où, je le suppose, elle était susceptible de perdre le ton et de le céder à un suffixe. Les langues flexives sont donc, à ce nouveau point de vue, celles qui, jusqu'à une époque assez avancée de l'agglutination, avaient conservé, au moins dans une certaine mesure, la souplesse et la variété d'accent du monosyllabisme primitif.

III.

Le rôle de l'accentuation dans les apophonies en général étant acquis au débat, examinons le rôle qu'elle a pu jouer dans l'ablaut indo-européen en particulier.

Dans certaines conditions très-précises, le phonème E, substratum radical, disparaît, et la racine est dite réduite ; le coefficient, de simple adjuvant semi-vocalique qu'il était auparavant, devient voyelle proprement dite, et semble dès lors la voyelle radicale, ce qui a fait illusion aux grammairiens indiens, et par suite aux philologues occidentaux qui ont suivi leurs données (1). Ainsi les divers types de racines pris pour exemples ci-dessus, deviennent respectivement en se réduisant :

1° PET — PT, sans voyelle, en tant du moins que la facilité de la prononciation le permet, gr. ἐ-πτ-ό-μην, ἐ-σχ-ο-ν, (δί-)φρ-ο-ς, etc ;

2° STE*a* — ST*a*, gr. ἔ-στη-ν στα-τό-ς ;

3° RE*i*K — R*i*K, gr. λείπ-ω ἔ-λιπ-ο-ν ;

4° BHE*u*G — BH*u*G, gr. φεύγ-ω ἔ-φυγ-ο-ν ;

5° PE*n*DH — P*n*DH, gr. πένθ-ος ἔ-παθ-ο-ν ;

6° TE*r*P — T*r*P, gr. ταρπ-ώ-μεθα (2), etc.

---

(1) S'il était nécessaire de justifier l'abandon complet de la théorie surannée du guna, il ne faudrait que renvoyer au livre de M. de Saussure, et notamment à l'argumentation de la p. 124.

(2) On sait que la nasale sonante indo-européenne devient en indo-éranien et en grec *a*, en latin *en* (*em*), et q ue la vibrante-voyelle, restée *r̥*-voyelle en sanskrit, devient en grec αρ (ρα, αλ, λα) et en latin *or* (*ul*).

Le parallélisme de toutes ces formes est indéniable. Au surplus l'aoriste thématique est une des catégories grammaticales qui exigent le plus constamment, le plus rigoureusement l'affaiblissement de la racine.

Mais cet affaiblissement, d'où procède-t-il? Peut-on avec quelque vraisemblance le rapporter à l'accentuation?

Si d'aventure l'observation nous révélait les faits suivants : — Dans toutes les langues indo-européennes, la syllabe accentuée reste à l'état normal; — dans toutes les langues indo-européennes, la syllabe atone se réduit :

Si, dis-je, ces deux propositions étaient vraies, ne serait-on pas autorisé à les généraliser, à établir entre l'accent et le degré vocalique une loi de relation et un rapport de cause à effet? Evidemment oui.

En fait elles ne le sont pas, en ce sens, que le ton et le vocalisme ne concordent plus; mais, comme il n'est pas douteux qu'ils n'aient concordé jadis de la manière la plus rigoureuse, la loi n'en est pas moins acquise : toute syllabe indo-européenne contenait l'E; mais le ton fort frappait tantôt l'une tantôt l'autre, et l'atonie de la syllabe a fatalement entraîné la chute de l'E, phonème déjà assez sourd par lui-même et encore assourdi par la perte de l'accent.

Si en effet le degré vocalique ne coïncide plus avec la place de l'accent, c'est, on le comprend, que ce dernier a reculé vers la racine et s'est fixé aussi haut que le lui permettait la quantité, tandis que le vocalisme, plus résistant, est resté à peu de chose près ce qu'il était dans le langage primitif. Plus la langue s'éloigne de l'accentuation indo-européenne, moins on y saisit de rapport entre le ton fort et le vocalisme. C'est déjà là une très-forte présomption en faveur d'une concordance proethnique. Ainsi en latin, et à plus forte raison en germanique, en slave, mainte syllabe atone a la forme pleine, mainte syllabe réduite porte le ton : inextricable confusion. Mais le latin tient de l'éolien et fait rétrograder le ton le plus loin possible; il le reporterait jusqu'à la racine, si la quantité ne le tenait en bride; au contraire en grec, et surtout en dorien, comme en sanskrit, fourmillent les oxytons, et c'est en sanskrit que s'opère le mieux la conciliation de l'accent et du degré vocalique. En

faut-il davantage pour démontrer l'existence d'un type linguistique plus pur où ils se confondaient?

L'accentuation hellénique, bien que déjà fort corrompue,
est encore décisive sur ce point : parmi les oxytons grecs,
les plus constants, les mieux garantis par le témoignage du
sanscrit, montrent la racine réduite, et leurs congénères des
autres langues, en tant qu'ils ne sont pas altérés par l'analogie, confirment cette réduction. Il suffit de rappeler le
verbal en -τό-, sur lequel il ne peut planer une ombre de doute,
θε-τό-ς, στα-τό-ς, φυκ-τό-ς, etc. Il est vrai que l'aoriste thématique, où la réduction est également de règle, est paroxyton
ou proparoxyton, λίπ-ὸ-ν ἔ-λιπ-ο-ν, mais le sanscrit accentue
la dernière syllabe dans la forme sans augment, *lip-á-m*, et
M. Wackernagel a fait voir que la rétrogradation du ton
dans toutes les formes conjugables de la langue grecque est
une conséquence normale des lois de l'enclise. La preuve,
c'est que l'on retrouve le ton sanskrit dans les formes non
conjuguées, le participe, λιπών, et l'infinitif λιπεῖν contracté
de λιπ-έ-εν = R*i*K-*é-wen*, même dans quelques impératifs qui
ont conservé l'accentuation archaïque, ἰδ-έ, λαβ-έ. Ainsi la
perturbation hystérogène de l'accent est scientifiquement
constatée dans tous les cas où il semble en contradiction
avec le vocalisme.

Mais le phénomène est encore plus curieux à observer en
sanscrit : dans tous les cas vraiment importants, on voit
coïncider l'atonie et la réduction de la racine. C'est le sanskrit, notamment, qui conjugue *êmi* (le ton sur *ê*) *imás*,
rendant ainsi manifeste la cause d'une apophonie proethnique que le grec, lui aussi, a parfaitement conservée,
mais dont son accentuation uniforme, εἶμι ἴμεν, ne trahit
plus la mystérieuse origine. Or on n'en est plus à démontrer
que l'accent sanskrit reproduit, à peu d'anomalies près,
les lois de la prosodie indo-européenne. La conclusion s'im-
pose : perte de l'accent, chute de l'E ne sont qu'un seul et
même phénomène (1).

Au reste, pourrait-il en être autrement? A la preuve
historique s'ajoute le fait naturel, l'induction tirée de l'expé-

(1) Cf. pour plus de détails, Saussure, *op. cit.*, notamment pp. 185 sqq.
et passim.

rience. Que l'on essaie de prononcer correctement, c'est-à-dire en faisant porter tout l'effort vocal sur la tonique les deux couples syllabiques É*i-mi* (je vais) É*i-mé(s)* (nous allons) : ne sent-on pas, dans le premier, l'E accentué se détacher avec vigueur, dans le second, le même phonème sourd, devenu atone, se perdre comme noyé dans le son plus clair de l'*i* consécutif ? Le contraire serait surprenant ; on ne comprendrait vraiment pas que l'E atone se fût maintenu devant *i* et *u*. Pour sa chute devant une nasale ou une vibrante, nous avons une confirmation historique : *l'r*-voyelle des Croato-Serbes, qui n'est point primitif, procède de l'oblitération d'une voyelle atone. Enfin, dans les racines sans coefficíent, la mutation de PET en PT est encore mieux concevable, surtout si l'on admet pour E la valeur de l'*e* muet français, ou quelque chose d'approchant : quelle distance y-a-t'il en hébreu du *cheva* mobile au *cheva* quiescent ? rien qu'une faible nuance de prononciation. A chaque instant il nous arrive dans la conversation de faire disparaître un *e* muet. Le phénomène indo-européen est absolument de même nature.

Résumons-nous. La chute de l'E, qui est une des faces du problème de la flexion, s'explique entièrement par un processus mécanique qui relève de l'accentuation.

IV.

L'autre face de la question est infiniment plus obscure, et l'on doit, dans cette brève esquisse, renoncer à l'élucider. Il convient toutefois d'en dire quelques mots. Dans certaines conditions, bien moins déterminées que celles de la réduction de la racine, le phonème E se transforme en un autre phonème, auquel le gréco-italique attribue la nuance *o*, et que pour cette raison l'on désignera par O et *o* (1). Ainsi la racine BHER devient BHOR, gr. φορ-ό-ς, la racine RE*i*K devient RO*i*K, gr. λοιπ-ό-ς, et ainsi des autres.

L'accentuation paraît ici hors de cause ; car, parmi les thèmes de ce genre, oxytons et paroxytons se balancent,

____

(1) C'est l'*a₁* de M. de Saussure.

ou peu s'en faut : sk. *pâça, vâra, çâka*, paroxytons; *grâbhá, târá, vâhá* ; gr. λόγος, τόνος, ῥόος ; φορός (1), λοιπός, δολφός, etc. D'ailleurs, fussent-ils tous oxytons ou tous paroxytons, cela encore ne nous mènerait à rien ; car, dans les exemples cidessus, choisis à dessein, l'*o* se trouve à la fois dans les deux syllabes : λοιπός vaut ROiK-*ό-s* et ῥόος vaut SRO*w-o-s* (le ton sur O). Il est donc clair que ce phonème ne dépend pas de la place de l'accent.

Sans prétendre résoudre la difficulté, on peut tout au moins l'atténuer, en faisant observer que les deux phonèmes E et O ont dû être à l'origine très-voisins, à peine différents l'un de l'autre. Un E et un O tous deux très-sourds se touchent jusqu'à se confondre. C'est postérieurement que ces deux sons ont tendu à se différencier jusqu'à devenir en grec et en latin un *e* et un *o* francs et purs. Le sanskrit porte nettement la trace de cette quasi-identité originaire, puisqu'il répond à l'E par un *a* et à l'O par un *á* ; encore n'est-ce qu'en syllabe ouverte qu'il établit cette bien légère distinction ; en syllabe fermée les deux voyelles sont confondues. Ainsi la transition de l'une à l'autre a été très aisée, presque insensible.

Cela posé, il est possible de se faire une idée, très vague encore, des circonstances dans lesquelles le phonème O a pris naissance, si l'on admet que l'analogie a pu étendre son domaine, restreint à l'origine. Nulle part il n'est plus commun que dans les suffixes nominaux, dont la forme primitive, accusée par le thème pur du vocatif, a pour voyelle un *e*, στραϐ-έ, λόγ-ε. Que la syllabe radicale soit réduite, comme dans στραϐός, ou fléchie comme dans λόγος (2), ne nous occupons ici que de l'*o* suffixal : il apparaît régulièrement au nominatif et à l'accusatif. Nous disons qu'il n'apparaît régulièrement que dans ces deux cas. En effet le locatif régulier serait *λόγει, en dépit du panhellène οἴκοι : les locatifs doriens du genre de τουτεῖ, le type panhellène αἰεί, locatif d'un thème *αἰ-ό- sur lequel s'est greffé le secondaire αἰών (3), ceux de l'osque

---

(1) Le φόρος paroxyton est sans doute hystérogène.

(2) Nous désignons, *brevitatis causa*, par racine fléchie le second état de la racine ou la permutation d'*e* en *o*.

(3) Toutefois M. de Saussure rapporte αἰει à un thème *αἰ-όσ- du même genre que εἰδ-όσ- p. 214.

et du lithuanien, enfin le locatif latin *humi*=**humei* ne laissent aucun doute à cet égard. Le génitif *λόγειο, malgré l'archaïque λόγοιο, n'est guère moins assuré. Restent le datif λόγῳ=λόγ-ο-ει et l'ablatif *equô*=**equ-o-ed*, où l'*o* est incontestable (1) ; mais, puisqu'il est également certain que l'indo-européen avait l'*e* au génitif et au locatif et que les langues modernes y ont substitué l'*o* par analogie du nominatif, n'est-il pas au moins très probable qu'une pareille contamination analogique a pu se produire dès la période indo-européenne pour le datif et l'ablatif? Si l'*o* tend à se propager pendant la période historique du langage, il a dû en être de même dès la phase proethnique : l'extension de l'*o* au locatif et au génitif n'est que le plus récent effet d'un principe d'uniformité dont les effets antérieurs nous échappent. Ajoutons que la flexiou proethnique POD-*s* dat. PED-*éi*, soit en grec πού-ς *πεδ-εί (cpr. dat. lat. *ped-î*), a été victorieusement démontrée par M. Brugman (2), et que, jusqu'à preuve contraire, on doit penser que l'*o* suffixal n'était pas traité autrement que l'O radical. Ce n'est donc pas outrepasser les bornes d'une saine induction que d'admettre que, dans la langue proethnique idéale où l'analogie n'avait point encore fait de ravages, le phonème *o* se restreignait au nominatif-accusatif.

Dès lors, on remarque qu'il n'apparaît que devant une consonne finale ; or, je ne sais si je me fais illusion, mais il me semble que dans ces conditions le caractère strictement muet de l'*e* suffixal ne pouvait pas se maintenir, et qu'en prononçant un mot tel que STrB-*é-s* (-*é-m*), on était fatalement amené à accuser avec plus de vigueur, à rendre plus sonore cette voyelle dont la vibration était brusquement interrompue par l'articulation qui la suivait et terminait le mot. La nuance a pu être imperceptible à l'origine et s'accuser par dissimilations successives : c'est ainsi que STrB-*é-s* serait devenu STrB-*ó-s* (στραβός), et cet essai d'explication s'appliquerait aussi, *mutatis mutandis*, à tous les suffixes quelconques qui contiennent l'*o* et qui le font

---

(1) L'instrumental en -*bhi* montre aussi l'*o* suffixal ; mais l'instrumental en -*â* est au contraire aussi affirmatif que possible en faveur de l'*e* ; gr. πῇ opposé à πού, ἀλλῇ, πανταχῇ, etc. Il est clair que πῇ vaut Pé-*â*.

(2) *Stud. zur gr. u. lat. Gramm.* (Lpz. 1868-78), IX. 370.

régulièrement, ou disparaître ou permuter en *e* aux cas
obliques, comme celui des participes en *wos*, sk. *vidván*.
vid-ush-ê (gr. εἰδώς εἰδυῖα), et celui des neutres en *os-*, gr.
πένθος πένθει = * πένθ-εσ-ι, lat. *pond-us pond-er-is*.

Quant à l'O radical des types λόγος, φορός, il est évidemment beaucoup moins concevable. Tout au plus pourrait-on
y voir, dans les paroxytons du type λόγος, un effet d'harmonie vocalique régressive assimilant la voyelle de la
racine à celle du suffixe. Mais cette supposition demeure
sans valeur pour les oxytons tels que φορός, où il semble que
la racine eût dû se réduire, et pour les paroxytons neutres
du type πένθος, où la syllabe radicale n'est jamais fléchie.
Si donc il y a dans cette mutation un phénomène obscur
d'harmonie vocalique (1), il est sensiblement différent de
celui qui caractérise les langues ouralo-altaïques, et la loi
en demeure jusqu'à présent lettre close.

A plus forte raison doit-on renoncer à rendre compte des
cas d'apparition du phonème *o* dans les flexions verbales, à
savoir : 1° *o* suffixal, dans tous les temps thématiques, à la
1ʳᵉ personne des trois nombres et à la 3ᵉ du pluriel, φέρω,
φέρ-ο-μεν, φέρ-ο-ντι, opposés à φέρ ε ι, φέρ-ε-τε ; 2° O radical,
aux trois personnes du singulier du parfait redoublé de voix
active (2), les autres formes ayant régulièrement la racine
réduite, οἶδ-α, πέ-ποιθ-α, πέ-πονθ-α, opposés à ἴδμεν, πέ-πιθ-μεν,
πέ-πασ-θε, etc. Ici le fil bien mince que nous croyions tenir
nous échappe : le labyrinthe devient inextricable.

Il n'importe. Nous en savons assez du moins pour nous
convaincre que l'apparition du phonème *o*, la seconde face
du problème, ne procède pas d'une cause unique, mais de
l'enchevêtrement et de la répercusssion de divers procès
phoniques, parmi lesquels on entrevoit l'action d'une harmonie vocalique *sui generis*. A ce nouveau point de vue la
flexion est la résultante de permutations mécaniques très

---

(1) Ce procédé est plus commun, à l'origine du langage, qu'on ne le croit
généralement. Il n'est pas une langue sauvage où l'on ne puisse rencontrer à
l'état sporadique quelques phénomènes d'harmonisation rudimentaire.

(2) Il est probable toutefois que la 1ʳᵉ pers. avait l'*e*, et que la flexion
proethnique était *we*-WEiD-*m we*-WOiD-*ta*. Mais il nous est permis de
négliger ce détail.

faibles et probablement très variées à l'origine, que l'analogie a peu à peu propagées et uniformisées.

V.

Jusqu'ici l'on a envisagé isolément, d'une part les effets de l'infixation du coefficient, de l'autre ceux de la chute ou de la mutation du phonème E. On peut maintenant en opérer la synthèse. On obtient ainsi, pour une racine donnée, soit PET, au moins dix-huit formes différentes dont voici le tableau schématique :

	sans coeff.	coeff. *a*	coeff. *i*	coeff. *u*	coeff. *n*	coeff. *r*.
Etat normal	PET	PE*a*T	PE*i*T	PE*u*T	PE*n*T	PE*r*T
Etat réduit	PT	P*a*T	P*i*T	P*u*T	P*n*T	P*r*T
Etat fléchi	POT	PO*a*T	PO*i*T	PO*u*T	PO*n*T	PO*r*T

Nous disons que toute racine simple était, dans le parler proethnique susceptible de revêtir chacune de ces 18 formes, mais que peu à peu, par désuétude, par suite du travail d'épuration, de sélection qui s'opère dans toutes les langues et qui substitue une sobriété élégante à la stérile abondance des idiomes barbares, chaque racine s'est bornée à un nombre restreint et choisi de coefficients, parfois deux ou trois, souvent un seul, en sorte que les modes sous lesquels la flexion nous apparaît ne sont plus que des débris épars de l'infinie complexité des mutations radicales primitives.

On a déjà vu que, l'existence d'un phonème substratum et de phonèmes coefficients une fois dûment constatée, il est de bon sens de supposer que ceux-ci servent à quelque chose, qu'ils s'infixent dans la racine pour en nuancer le sens, par suite, qu'ils sont susceptibles de s'échanger les uns contre les autres. Mais cet argument *a priori* ne constitue encore qu'une présomption : la vraie preuve se tirera de l'induction linguistique, de la recherche des doublets et triplets de racines, restes de la multiplicité originaire, qu'on peut, ce nous semble, répartir en quatre classes.

1° Il y a d'abord, dans une seule et même langue des quasi-doublets assez nombreux, consistant en un verbe et un substantif, l'un à racine pure, l'autre à coefficient généralement nasal. Les types sont ῥέπω ῥόμβος, στρέφω στρόμβος, *γρέφω γρομφάς, (1) etc. On en rend raison d'habitude en supposant une nasalisation mécanique de la syllabe radicale qui elle-même aurait grand besoin d'explication ; car enfin par quelle cause une nasale s'est-elle insinuée là ? Si la la labiale l'a appelée, pourquoi aussi bien στρέφω n'est-il pas devenu *στρέμβω ? C'est de l'arbitraire pur et simple, et l'arbitraire doit être impitoyablement banni de toute explication phonétique. Mais, dira-t'on, force est bien de se contenter de cette explication pour des types tels que ἰάπτω ἴαμβος, τύπτω τύμπανον, pour lesquels il est impossible de restituer un doublet proethnique. Cela est vrai : ἰαπ et τυπ sont les formes réduites de racines JEaP, TEuP, qui possèdent déjà un coefficient, et tout indique qu'une racine n'en saurait porter deux à la fois, en sorte que les types proethniques JEamP, TEumP peuvent être considérés comme impossibles. Mais cela même vient en quelque façon à l'appui de notre thèse : comment, en effet, se serait introduite ici cette nasale anaptyctique, sinon en imitation de types où elle était légitime ? Or les formes à coefficient nasal STREmBH, WREmP, le sont certainement au même titre que les formes sans coefficient STREBH, WREP, auxquelles remontent sans difficulté στρέφω et ῥέπω. Quant au métaplasme final de φ et π en β, c'est un phénomène, sinon exclusivement hellénique, du moins sporadique : il ne s'est pas produit dans γρομφάς. L'analogie aurait ensuite produit ἴαμβος : ἰάπτω = ῥόμβος : ῥέπω, etc. (2).

Pour la même raison il se peut fort bien que δήξομαι ne soit point une forme analogique (3), mais contienne la forme pleine d'une racine DEaK, dont δάκνω montrerait le degré réduit. Il est vrai que le sanscrit a partout la nasale et qu'une racine DEanK est impossible ; mais, puisque le

(1) On sait que γράφω est une forme aoristique à racine réduite qui s'est substituée a la forme normale *γρέφω. Cf. G. Meyer, *Griech. Gramm.* (Lpz., Breitkopf, 1880), § 20.

(2) Ce qui rend toutefois cette théorie très-suspecte, c'est que les racines citées ont parfaitement un coefficient si on les transcrit STErBH, WErP, GErBH, etc. Or cette métathèse est non seulement possible, mais prouvée par le gotique *vairp-an.*

(3) *Contra* Saussure, *op. cit.*, p. 152.

sanscrit confond l'E et l'*a*, il peut avoir construit ses thèmes
sur le type DE*n*K, tandis que le grec construisait les siens
sur le type DE*a*K. Bien plus, comme l'*α* grec répond à la
fois à l'*a* proethnique et à la nasale sonante, il se peut
même que δάκνω représente le degré réduit *δηκ-νω d'une
racine DE*n*K, tandis que δήκ-σομαι représenterait le degré
normal d'une racine DE*a*K. Mais toutes ces données sont
beaucoup trop conjecturales pour qu'il nous soit permis d'y
insister davantage.

2° Bien plus concluants sont déjà les doublets avérés
qu'on découvre en passant d'une langue à l'autre de la
famille. On vient d'en voir un qui n'est point sûr ; mais, du
grec au latin, si proches parents qu'ils soient, on en con-
state un certain nombre. Il y a d'abord incontestablement
μῆ-τι- et *men-ti-*, ce dernier offrant, soit la forme pleine,
soit plutôt la forme réduite de la racine bien connue ME*n*,
et le premier, la forme pleine d'une racine ME*a* ou peut-être
ME*e* qu'on peut rapprocher de celle du latin *mê-ti-or*. C'est
le contraire pour le doublet πένθος *patior* ; car, en dépit de
la fausse équivalence θ = *t*, nul ne songera sans doute à
séparer ces deux mots, dont πάσχω et πάθος sont les traits
d'union ; or, si ces derniers peuvent passer pour issus de la
même racine que πένθος (πάσχω = *πάθ-σκω ou πηθ-σκω à
volonté), il n'en saurait être de même de *patior*, dont le
radical ne peut être que la forme réduite d'une racine PE*a*T.
Je ne voudrais pas multiplier les exemples dans un essai où
je ne me propose que d'esquisser la théorie, non de la
démontrer ; mais je ne puis cependant me dipenser de citer
encore le fameux doublet GE*m* GE*a* que présentent à la
fois le sanscrit, le zend, le grec et le latin, avec le sens
d' « aller, venir » (1).

3° Le type GE*m* GE*a* forme doublet, non pas seulement
d'une langue à l'autre, mais dans une seule et même langue.
Ces sortes de doublets sont encore bien plus précieux que
ceux qu'offre la comparaison de deux idiomes ; car ils montrent, sans équivoque possible, la variation interne de la
racine. M. de Saussure, pour le grec seul, en donne plusieurs (2), βηθ βένθ, μηθ μενθ, et ce n'est que par un pareil lien

____

(1) Cf. Curtius, *Gdzg. d. Gr. Etym*⁵. (Lpz., Teubner, 1879), p. 472.
(2) *Op. et loc. citt.*

qu'on rattachera l'un à l'autre les deux synonymes évidents προμηθεύς et *pramanthas* phonétiquement inconciliables. Il n'est point malaisé d'en grossir la liste. On a déjà cité le couple PE*i* PE*o* (boire). Le couple BHE*a* BHE*n* est fort remarquable : du premier type sort φη-μί, racine normale ; du second, φαίνω, racine réduite, c'est-à-dire φη-jω, avec la nasale sonante et l'*α* de svarabhakti qui se développe toujours en pareil cas. Ce n'est pas tout : sans sortir du grec, on obtient un triplet. si l'on rattache ici la racine BHE*u* de *bhávámi* et φύω, ce qui n'a rien d'excessif, car l'idée de l'existence est corrélative de celle d'une lueur qui brille pour bientôt s'éteindre et intimement liée pour l'homme à celle de la parole. D'ailleurs les formes φαῦ-ος, πιφαύ-σκω, *fav-illa* indiquent à ne s'y point tromper un type illégitime BHE*au*, à double coefficient, lequel n'a pu naître que de confusion et fusion analogiques des deux types normaux BHE*a* et BHE*u*. Certaines étymologies, avancées sans aucune hésitation par M. Curtius, contiennent à l'état latent toute cette théorie des doublets radicaux ; car, si l'on apparente πλοῦτος et πλήρης (1), il faut expliquer l'un par la forme fléchie d'une racine PRE*u*, l'autre par la forme normale d'une racine PRE*a*, et tous deux par des variantes à coefficients de la forme radicale nue PRE ou PER révélée par l'ablaut sanskrit *píparmi piprmás* (2). Ainsi ce ne sont plus seulement des couples, mais des groupes entiers de racines à coefficients variés, qui se manifestent, pour si peu que l'on poursuive l'analyse.

4° C'est donc à la recherche de ces groupes qu'elle doit tendre en définitive par la comparaison des diverses langues de la famille : puisqu'on trouve dans un seul idiome une même racine sous deux ou trois formes différentes, on doit, en l'envisageant dans l'ensemble indo-européen, pouvoir la restituer sous tous les aspects qu'elle a revêtus, avec tous les coefficients qu'elle était susceptible de recevoir. Le fait n'est pas nouveau d'ailleurs : il est connu de Schleicher et de son école sous le nom d'affaiblissement de l'*a* en *i* et en *u*. Mais

---

(1) *Gdzg.*[5]. p. 277.

(2) Voir pourtant, pour πλήρης. une explication analogique du faux ablaut πίμπλαμεν πίμπλημι, dans G. Meyer, *op. cit.* § 486.

les lois de cet affaiblissement n'ont jamais été formulées, il se produit de la manière la plus arbitraire, et il suffit, pour s'en convaincre, de lire les pages que Schleicher y a consacrées (1). Ce n'est donc pas un phénomène phonique. L'*i* ou l'*u* semble remplacer l'E (*a* de Schleicher) : en réalité il s'y ajoute, en sorte que l'E venant à tomber régulièrement, l'*i* ou l'*u* demeure seul. Pour s'en convaincre, pour voir du même coup que l'*i* ou l'*u* n'est pas le seul phonème susceptible de s'infixer dans la racine, il suffit de prendre au hasard une racine indo-européenne quelconque, soit PET, qui nous a servi d'exemple depuis le début, et de la faire passer sucessivement par tous les états que nous connaissons. Si chacun des six types idéaux de notre tableau se vérifie dans l'une ou l'autre des langues de la famille indo-européenne, n'est-on pas fondé à penser qu'il y a dans la théorie des infixes radicaux mieux qu'une opinion préconçue ou qu'une frivole hypothèse ?

α) Le type pur sans coefficient, PET, gr. πέτ-ομαι, lat. *pet-o*, avec le sens de « voler, tomber, se diriger vers », est beaucoup trop connu pour exiger aucune explication.

β) Le type PE*a*T existe très probablement, à l'état normal, dans le grec πετά (-νι υμι), et certainement, au degré réduit, dans le làtin *pat-eo*. Le sens n'est plus le même que pour πέτομαι ; mais au fond il y a synonymie absolue : l'oiseau *vole* les ailes *étendues* ; l'homme qui *tombe étend* les bras : aucnn doute possible sur le passage d'une idée à l'autre. Il est même évident que c'est seulement par le sens commun de « étendre » ou « être étendu », que se concilient les deux significations avérées, mais contradictoirès, de la racine PET, « voler » (mouvement actif de bas en haut) et « tomber » (mouvement passif de haut en bas). Autrement dit, le sens primitif de la racine PET a dû être précisément celui de « chose étendue, étendre », ou quelque chose d'approchant, sens conservé seulement par les types à coefficients, tandis que le type pur revêtait une fonction accidentelle, mais directement dérivée de la signification principale (2).

---

(1) *Cpd.*4, p. 21, 39, 57, 80. 119 et 148.

(2) D'après la théorie c'est le contraire qu'on attendrait. Mais il ne faut pas

Il va sans dire d'ailleurs que la racine PEaT, de *pat-eo*, malgré l'identité du substratum et du coefficient, n'est point la même que la racine PEaT révélée par *patior*. Ainsi, en dépit du jeu compliqué de ses infixes, l'indo-européen possède beaucoup d'homophones et ne parvient pas à éviter l'amphibologie. Comment s'en étonner ? C'est là un inconvénient inhérent au monosyllabisme. L'accentuation chinoise n'est pas moins variée que l'infixation indo-européenne, et l'on sait pourtant combien l'homophonie y crée d'embarras : la seule syllabe *táo*, sans aucune nuance de prononciation ou d'accent, peut signifier « chemin, conduire, parvenir, fouler, renverser, couvrir, dérober, drapeau, céréales » (1). Or quelques unes de ces significations sont irréductibles entre elles : il est donc clair que sous la syllabe *táo* se cachent au moins deux ou trois racines homophones de la langue primitive (2).

γ) Le degré réduit du type PEiT nous est fourni par la formation grecque très régulière πίτ-νημι, synonyme de πετάννυμι (3). Peut-être retrouve-t'on la forme pleine dans le sanskrit *pêt-âmi* (entasser), dont, si je ne me trompe, la racine est encore inconnue ; toutefois les deux significations concordent trop peu pour qu'il soit permis de rien affirmer.

δ) Le type PEuT est de beaucoup le moins net. Le sanskrit a bien une racine *put*, en conjugaison *put-âmi* (enlacer, embrasser) ; mais le sens primitif paraît être « lier », (P. W.). Si le sens de « embrasser » était originaire, et que le sanskrit n'eût fait que passer de celui-ci à celui de « lier », on voit combien celui de « étendre (les bras) » en serait voisin : on pourrait dès lors faire rentrer dans notre série ce *put-âmi*, qui jusqu'à présent est tout à fait isolé. On y trouverait

oublier que la théorie n'est encore qu'ébauchée. Au reste, c'est d'une relation fonctionnelle qu'il s'agit ici, et l'on sait combien sont capricieux, arbitraires, soumis à l'usage les rapports de signification des mots.

(1) Abel Rémusat, *op. cit.*, § 285.

(2) *Non obstat* l'identité du caractère. L'écriture chinoise, bien que figurative, ne pouvait tout figurer, et bien des homophones ont dû être confondus sous le même signe.

(3) Les thèmes verbaux en ·νη· (= -néa-) et -νυ- (= -néu-) ont toujours, quand ils sont correctement formés, le degré réduit de la racine. Cf. G. Meyer, *op. cit.* §§ 488 sqq.

une explication de l'inintelligible article d'Hésychius πούτοι·
τόξον, qu'on ramènerait à POuT-o-, id quod ligatum est, *vel
potius*, id quod extenditur (racine fléchie).

ε) La forme à coefficient nasal n'existe pas dans le sens
de « étendre » ; mais, bien avant qu'on eût songé à la
théorie des coefficients, ce qui exclut tout soupçon d'assimi-
lation systématique imaginée pour les besoins de la cause,
M. Fick (1) avait considéré le type sanskrit *panthan* (chemin)
comme un cas particulier de la racine *path* (étendre). Accep-
tant cette précieuse donnée, comme la nasale n'est point
spéciale au sanskrit, et qu'on la retrouve dans le latin *pons*
= POnT-s (racine fléchie) et le paléoslave *păti* (chemin),
on est pleinement autorisé à la restituer dans le grec πάτος,
qui vaut *πnτ-ό·, avec recul du ton, soit PnT-ό- (racine
réduite). Voilà donc quatre langues indo-européennes qui
reproduisent le type PEnT, que l'autorité d'un grand lin-
guiste nous permet de faire rentrer dans la série PET.

ς) Vient enfin le type à vibrante PErT, qui devient en
indo-éranien *prth*, sk, *parth·ajâmi* (étendre), *práthas* (lar-
geur), tous deux au degré normal, zend à racine réduite
pereth-u-s, et en gréco-italique *plt*, témoin le grec à racine
réduite πλατ-ύ-ς, toutes formations trop élémentaires pour
qu'il soit utile d'insister.

Ainsi l'unique racine PET a passé devant nos yeux sous
cinq on six aspects différents, tous connexes par le son et le
sens, différenciés seulement par la valeur d'un coefficient
interne. Et encore notre énumération ne comprend-elle pas
les formes grecques πτή-σομαι et πωτ-άομαι, qui nous ramène-
raient respectivement à des racines PEeT (PTEe) (2) et
PEoT. Je les ai omises à dessein, m'étant promis de
négliger les coefficients *e* et *o*, encore mal élucidés. D'ailleurs elles soulèvent des problèmes très délicats ; pour l'une
la question des effets de la métathèse, magistralement étu-
diée, mais non résolue, ce me semble, par M. J. Schmidt (3) ;

(1) *Vgl. Wörterbuch*[5], I, 135.
(2) Cf θή-σομαι, dérivé certain de rac. DHEe.
(3) *Zur Gesch. des indogerm. Vocalismus* (Weimar, 1871-75), II, p. 315.
L'allongement produit par la méthathèse est dû, suivant le savant auteur, à
la présence d'une voyelle de svarabhakti, qui n'est autre, croyons-nous,
qu'un coefficient radical.

pour l'autre, la question de savoir si les formations du type
πωτάομαι, στρωφάω, etc., sont légitimes ou hystérogènes.
Quant à moi, je pencherais, comme plus haut, pour le type
στρόμβος, à en croire quelques-unes légitimes, les autres
issues de l'analogie des premières.

Je ne saurais trop le répéter, c'est un pur hasard qui m'a
fait analyser la racine PET plutôt que toute autre. Elle
m'est venue à l'esprit quand j'ai traité de la réduction
de la racine, à cause de l'extrême clarté de l'apophonie
πέτομαι ἐπτόμην, et, l'ayant citée au début de ce travail, j'ai
été tout naturellement amené à l'étudier de plus près à la
fin. Je ne me doutais guère, en la choisissant, de la riche
moisson d'exemples qu'elle me fournirait : il est donc certain
qu'en faisant le même travail sur toute autre de celles que
j'ai citées, ou sur une racine quelconque, on obtiendra des
résultats analogues. Je me bornerai à indiquer la racine
BHEG (courber, briser), sans reproduire ici le tableau que
j'ai pu dresser de ses dérivés, déjà devinés par Chavée.

Cette simple esquisse fait voir dans quel sens il serait
possible de reprendre et de poursuivre l'œuvre de cet ingé-
nieux et profond initiateur. Il faudrait partir toujours d'une
racine en E pur sans coefficient, pour y infixer successive-
ment chacun des divers phonèmes connus jusqu'à présent
pour susceptibles de jouer le rôle de coefficients sonantiques,
et vérifier enfin l'existence de ces diverses variantes d'une
même racine, sous la forme normale, réduite ou fléchie,
dans toutes les langues du groupe indo-européen, en pre-
nant pour guide dans cette recherche une concordance de
sens, ou rigoureuse, ou du moins très approchée. En suivant
cette méthode avec une grande sévérité et se gardant de
l'esprit de système, on se heurterait sans doute à bien des
déceptions, car il n'est pas possible évidemment que *toutes*
les racines se soient conservées sous *tous* les aspects ; mais,
si l'hypothèse se vérifiait, on parviendrait à retrouver çà et
là, *quasi disjectae membra radicis*, la plupart des rejetons
d'un tronc commun, et peut-être, qui sait ? à déterminer
même avec plus ou moins de précision la légère nuance de
sens que chaque coefficient aurait ajoutée à la signification
du type originel.

VI.

Allons plus loin, ce sera le dernier pas. On me reprochera de ne savoir point m'arrêter dans la voie de l'hypothèse ; mais je ne fais qu'indiquer celle-ci en passant, et la critique saura bien y faire le départ de l'erreur et de la vraisemblance. Il m'a semblé entrevoir la possibilité de concilier ensemble, d'unifier, dans un passé lointain, les deux mécanismes flexionnels jusqu'à présent connus, et tenus pour radicalement séparés l'un de l'autre, celui des langues sémitiques et celui des langues indo-européennes.

Que l'on me comprenne bien. Je ne prétends point dire que ces deux familles de langues procèdent d'un ancêtre commun, question généralement résolue par la négative et dont l'avenir décidera. Je dis seulement qu'il est possible, dans l'état présent de la science, de rendre compte de leurs deux types de flexions dissemblables, phénomènes étranges que l'on a jusqu'ici constatés sans les expliquer, et d'en rendre compte par un procédé unique d'infixation primitive, d'où ces deux flexions seraient sorties, mais en s'éloignant et divergeant l'une de l'autre à l'infini.

Supposons en effet à l'origine un idiome, ou, si l'on veut, pour maintenir la séparation tranchée entre le sémitisme et l'indogermanisme, deux idiomes distincts, possédant l'un et l'autre les facultés que nous croyons avoir reconnues dans l'indo-européen primitif : celle de nuancer par des coefficients le phonème fondamental de la racine , et celle de faire disparaître ou permuter, dans certaines conditions, ce dernier phonème.

De l'un de ces idiomes procèdent des descendants qui ont conservé assez fidèlement les apophonies produites par la chute ou la mutation du phonème fondamental, mais qui ne présentent plus que sporadiquement, à l'état de débris informes, reconnaissables toutefois par une attentive analyse, les types d'infixation que leur ancêtre multipliait avec profusion. C'est la flexion indo-européenne.

Les descendants de l'autre, tout au contraire, ont perdu la notion du phonème fondamental : non seulement ils ne le font plus permuter, mais même ils l'ont presque partout effacé, autrement dit, ils affectionnent la racine à l'état réduit, où le coefficient apparaît toujours à nu ; et si le phonème substratum s'accuse encore quelque part, c'est uniquement par la longueur prosodique de la syllabe où il s'est tout à fait fondu dans le coefficient qui l'accompagnait. Mais l'art de faire varier à l'infini les coefficients d'une racine simple ou bilitère est demeuré intact ; le procédé, développé par l'analogie, a été transporté aux racines combinées ou trilitères comme un moyen, non plus de nuancer le sens de la racine, mais d'accuser la relation fonctionnelle ou grammaticale dont elle est affectée ; bref, l'infixation primitive est aussi visible encore qu'elle le fut jamais. N'est-ce pas là la flexion sémitique ?

Ainsi, ce qui a été dit de l'origine de l'une pourrait s'appliquer à l'autre ; et l'on aurait du même coup la solution des deux problèmes les plus épineux de la linguistique ; car, il ne faut pas se le dissimuler, si le monosyllabisme et l'agglutination sont simples et clairs, la flexion demeure et demeurera toujours une énigme sans l'hypothèse d'une infixation primitive.

Sans attacher à ces suggestions une importance exagérée, il est permis d'espérer que la science ne dédaignera pas d'entrer à titre d'essai dans une voie qui lui ouvrirait de telles perspectives.

Et maintenant, plus que jamais, répétons en terminant, avec M. Curtius, le μέμνασ' ἀπιστεῖν d'Epicharme.